DESASTRES ECOLÓGICOS

LOS DERRAMES DE PETRÓLEO Y EL MEDIOAMBIENTE

Daniel R. Faust

Traducción al español:
José María Obregón

PowerKiDS press.

New York

Published in 2009 by The Rosen Publishing Group, Inc.
29 East 21st Street, New York, NY 10010

First Edition

Editors: Joanne Randolph
Book Design: Greg Tucker
Illustrations: Dheeraj Verma/Edge Entertainment

Library of Congress Cataloging-in-Publication Data

Faust, Daniel R.
  Desastres ecológicos: los derrames de petróleo y el medio ambiente = Sinister sludge:
  oil spills and the environment / Daniel R. Faust.
      p. cm. (Historietas juveniles: peligros del medio ambiente)
  title: Sinister sludge: oil spills and the environment
  Includes index.
  ISBN 978-1-4358-8468-7 (library binding) – ISBN 978-1-4358-8469-4 (pbk.) –
  ISBN 978-1-4358-8470-0 (6-pack)
  1. Oil spills–Environmental aspects–Juvenile literature. 2. Oil spills and wildlife–Juvenile
  literature. 3. Water pollution–Juvenile literature. I. Title. II. Title: Sinister sludge: oil spills
  and the environment.
  TD427.P4F39 2009
  363.738'2–dc22
                                                    2009006379

Manufactured in the United States of America

CONTENIDO

INTRODUCCIÓN

¿Sabías que todos los días usamos productos que vienen del petróleo? Estos productos tienen muchos usos. Los usamos para calentar nuestras casas o para hacer funcionar nuestros automóviles. No cabe duda que los productos derivados del petróleo hacen la vida más sencilla. ¿Pero sabías que encontrar, producir y transportar el petróleo causa muchos problemas?

Los derrames causados por tanques petroleros, perforaciones y tuberías subterráneas pueden dañar el **medioambiente** de manera muy seria. ¿Cómo podemos evitar estos desastres ecológicos? En este libro encontrarás la respuesta.

DESASTRES ECOLÓGICOS:
LOS DERRAMES DE PETRÓLEO Y EL MEDIOAMBIENTE

UN GRUPO DE **VOLUNTARIOS**, A CARGO DEL SR. CLAUSEN, VIAJA POR EL RÍO DELAWARE PARA ESTUDIAR LOS TERRIBLES EFECTOS DE LOS DERRAMES DE PETRÓLEO EN EL MEDIOAMBIENTE.

LOS VOLUNTARIOS AYUDARÁN A LIMPIAR EL DERRAME Y RESCATARÁN A LOS ANIMALES QUE FUERON AFECTADOS.

LA ESPOSA DEL SR. CLAUSEN, LA DRA. ELLEN CLAUSEN, TRABAJA EN LA AGENCIA DE PROTECCIÓN AMBIENTAL, O EPA*.

MUY BIEN, ESTAMOS LISTOS.

LA DRA. CLAUSEN NOS HABLARÁ UN POCO DEL DERRAME Y DE LO QUE SIGNIFICA PARA EL MEDIOAMBIENTE.

EL SR. CLAUSEN Y LOS VOLUNTARIOS ESPERAN QUE ESTA EXPERIENCIA LOS AYUDE A ENTENDER LOS EFECTOS DEL **DAÑO** CAUSADO POR LOS DERRAMES DE PETRÓLEO. ADEMÁS ESPERAN APRENDER CÓMO DEFENDER EL MEDIOAMBIENTE.

*EPA ES UNA AGENCIA DE LOS ESTADOS UNIDOS ENCARGADA DE PROTEGER LA SALUD DE LOS SERES HUMANOS Y EL MEDIOAMBIENTE.

"EL RÍO DELAWARE ES UNA IMPORTANTE VÍA FLUVIAL PARA LA COSTA ESTE DE LOS ESTADOS UNIDOS".

"LOS BARCOS USAN EL RÍO PARA VIAJAR ENTRE LOS ESTADOS DE MARYLAND, PENSILVANIA, NUEVA JERSEY Y NUEVA YORK".

"Y TAL Y COMO SUCEDE CON AUTOS EN UNA CARRETERA, EN OCASIONES LOS BARCOS TIENEN ACCIDENTES".

"EN LA NOCHE DEL 26 DE NOVIEMBRE DE 2004, EL TANQUE PETROLERO ATHOS 1, TUVO UNA AVERÍA Y COMENZÓ A DERRAMAR PETRÓLEO EN EL RÍO DELAWARE".

"UNOS 30,000 GALONES (113,562 L) DE PETRÓLEO CRUDO SE DERRAMARON EN EL RÍO."*

*"PETRÓLEO CRUDO" ES EL TÉRMINO CON EL QUE SE CONOCE AL PETRÓLEO EN SU FORMA NATURAL, ANTES DE SER PROCESADO.

"CON EL TIEMPO, ARENA Y LODO CUBREN A ESTAS PLANTAS Y ANIMALES, LOS CUALES SE CONVIERTEN EN FÓSILES".

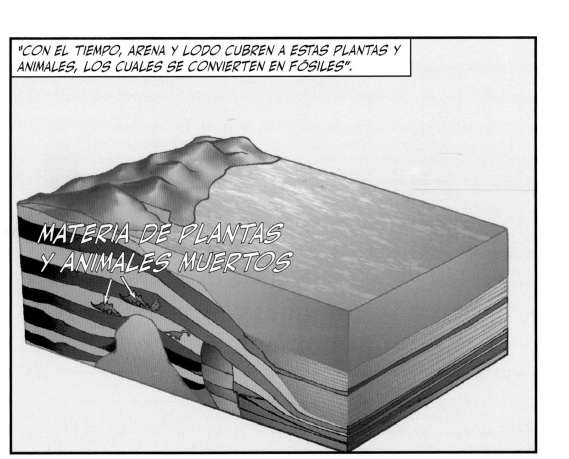

"LA ARENA Y EL LODO PRESIONAN LA TIERRA HACIA ABAJO. ESTA PRESIÓN, Y LAS ALTAS TEMPERATURAS, CONVIERTE A LAS PLANTAS Y ANIMALES EN PETRÓLEO".

"POR ESO EL PETRÓLEO ES UN COMBUSTIBLE FÓSIL".

"EL PETRÓLEO SE ENCUENTRA BAJO TIERRA".

"EN LOS LUGARES DONDE SE ENCUENTRA PETRÓLEO, SE CONSTRUYEN BOMBAS DE AIRE Y TORRES DE PERFORACIÓN."

"CUANDO EL PETRÓLEO SE ENCUENTRA BAJO EL OCÉANO, SE CONSTRUYEN PLATAFORMAS DE PERFORACIÓN SUBMARINA".

"EL PETRÓLEO PUEDE ENVIARSE DIRECTAMENTE A TIERRA A TRAVÉS DE TUBERÍAS, O USANDO UN TANQUE PETROLERO".

"EL PETRÓLEO SÓLO SE ENCUENTRA EN CIERTOS LUGARES DE NUESTRO PLANETA. ES POR ESO QUE MUCHOS PAÍSES TIENEN QUE TRANSPORTARLO EN GRANDES TANQUES PETROLEROS".

"ESTOS BARCOS PUEDEN TRANSPORTAR MILES DE MILLONES DE GALONES DE PETRÓLEO".

ALGUNAS VECES ESTOS TANQUES TIENEN ACCIDENTES Y DERRAMAN EL PETRÓLEO QUE TRANSPORTAN.

¿QUÉ DAÑO LE CAUSA UN DERRAME DE ESTE TIPO AL AMBIENTE? ADEMÁS, ¿QUÉ PASA CON ESA ÁREA DESPUÉS DE QUE SE HA LIMPIADO?

AUN LIMPIANDO EL DERRAME, EL IMPACTO EN EL MEDIOAMBIENTE DURARÁ UNOS 30 AÑOS.

ALGUNAS PLANTAS Y ANIMALES NUNCA SE RECUPERARÁN.

"EL PETRÓLEO PUEDE CONTAMINAR EL AGUA".

"POR EJEMPLO, EL RÍO DELAWARE ALIMENTA LAS RESERVAS DE AGUA DE PENSILVANIA, NUEVA JERSEY Y NUEVA YORK".

▭ : RESERVA

RESERVAS DEL RÍO DELAWARE

"MILLONES DE PERSONAS SE PODRÍAN ENFERMAR SI ESTAS RESERVAS SE CONTAMINARÁN".

COMO PUEDEN VER EN ESTA AVE, EL PETRÓLEO ES TÓXICO PARA LAS AVES, LOS PECES Y LOS ANIMALES.

Y ES UN HECHO QUE, A PESAR DE NUESTROS ESFUERZOS, LA MAYORÍA DE ESTOS ANIMALES NO SOBREVIVIRÁ.

"LOS ANIMALES SE ENFERMAN AL TRAGARSE EL PETRÓLEO, O AL RESPIRAR EL HUMO QUE PRODUCE".

"SI EL PETRÓLEO CUBRE LA PIEL O LAS PLUMAS DEL ANIMAL, PUEDE REDUCIR MUCHO SU TEMPERATURA".

"LOS NEGOCIOS DE PESCA PODRÍAN VERSE AFECTADOS SERIAMENTE SI MURIERAN MUCHOS PECES".

"ESTO NO SÓLO SIGNIFICA QUE NO HABRÍA PESCADO PARA LA CENA, ADEMÁS, LOS PESCADORES PERDERÍAN SU TRABAJO".

"HAY MUCHAS MANERAS, MICHAEL".

"UNA MANERA ES RASPAR LA SUPERFICIE DEL AGUA".

"REDES ESPECIALES SE USAN PARA ACORRALAR EL PETRÓLEO. PERO ESTO SE DEBE HACER ANTES DE QUE EL PETRÓLEO SE HAYA ESPARCIDO".

"OTRA FORMA ES QUEMAR EL PETRÓLEO PARA CONVERTIRLO EN GAS QUE SE DISPERSA EN LA ATMÓSFERA".

"POR SUPUESTO, QUEMAR MUCHO PETRÓLEO EN EL MISMO LUGAR PUEDE CAUSAR TANTO DAÑO EN EL AMBIENTE COMO EL PROPIO DERRAME".

"EN OCASIONES SE USAN QUÍMICOS LLAMADOS DISPERSANTES QUE DIVIDEN LAS PARTÍCULAS DE PETRÓLEO. ESTOS TRABAJAN DE MANERA SIMILAR A LOS **DETERGENTES** PARA UNA LAVADORA DE PLATOS".

"DESAFORTUNADAMENTE LOS DISPERSANTES PUEDEN SER MÁS TÓXICOS QUE EL PROPIO PETRÓLEO."

MANGUERAS DE ALTA PRESIÓN SE UTILIZAN PARA ROCIAR AGUA CALIENTE Y QUÍMICOS EN LA COSTA.

ESTOS QUÍMICOS PUEDEN SER ÚTILES, PERO TAMBIÉN PUEDEN SER DAÑINOS PARA EL MEDIOAMBIENTE.

"LOS CIENTÍFICOS BUSCAN LA MANERA DE USAR BACTERIAS, U ORGANISMOS PEQUEÑOS UNICELULARES, PARA LIMPIAR LOS DERRAMES".

"ESTA BACTERIA SE COME EL PETRÓLEO".

"SABEMOS QUE TODOS LOS SERES VIVIENTES NECESITAN COMIDA PARA VIVIR".

"PERO CADA SER VIVIENTE COME COSAS DISTINTAS."

"POR EJEMPLO, LAS PLANTAS USAN LOS RAYOS DEL SOL PARA PROCESAR EL AGUA Y EL DIÓXIDO DE CARBONO EN ALIMENTO."*

"LAS VACAS COMEN HIERBA Y PLANTAS, Y LOS HUMANOS COMEN LA CARNE DE LAS VACAS Y OTRAS PLANTAS".

*ESTE PROCESO SE LLAMA FOTOSÍNTESIS.

"LOS CIENTÍFICOS HAN DESCUBIERTO QUE MUCHAS ESPECIES DE BACTERIA COMEN PETRÓLEO CRUDO".

POR SUPUESTO, ESTA BACTERIA NO ES 100% EFECTIVA.

LA MEJOR MANERA DE EVITAR QUE LOS DERRAMES DAÑEN EL AMBIENTE ES EVITAR QUE SUCEDAN.

"USANDO AUTOBUSES Y BICICLETAS PODEMOS REDUCIR LA CANTIDAD DE PETRÓLEO QUE NECESITAMOS, PARA PRODUCIR GASOLINA".

"RECICLAR PLÁSTICOS AYUDA TAMBIÉN A REDUCIR LA CANTIDAD DE PETRÓLEO QUE NECESITAMOS ASÍ COMO EL QUE TRANSPORTAMOS".

"ADEMÁS, PODEMOS ESCRIBIR A NUESTROS REPRESENTANTES EN EL GOBIERNO PARA QUE PASEN LEYES QUE HAGAN MÁS SEGURA LA INDUSTRIA DEL PETRÓLEO".

"LA LEY DE CONTAMINACIÓN DE PETRÓLEO FUE APROBADA EN 1990, DESPUÉS DEL DERRAME DEL EXXON VALDEZ. LA LEY PIDE QUE SE REFUERCEN LOS BARCOS PETROLEROS".

CIERTOS DE PERSONAS, INCLUYENDO PERSONAS DEL GOBIERNO, Y VOLUNTARIOS RESPONDIERON AL DERRAME DEL ATHOS 1, EN EL RÍO DELAWARE.

ESTAS PERSONAS LIMPIARON SÓLIDOS CUBIERTOS DE PETRÓLEO COMO MADERA Y PLANTAS.

VOLUNTARIOS COMO EL SR. CLAUSEN Y SU GRUPO, LIMPIARON A MANO ROCAS CUBIERTAS DE PETRÓLEO.

OTROS LIMPIARON LAS PLUMAS DE LOS GANSOS CANADIENSES Y OTRAS AVES USANDO DETERGENTE PARA LAVADORA DE PLATOS.

DE ACUERDO A LA GUARDIA COSTERA, EL ATHOS 1 DERRAMÓ CERCA DE 300,000 GALONES (1,135,623 L) DE PETRÓLEO EN EL RÍO DELAWARE. ESTO ES 10 VECES MÁS DE LO QUE SE PENSÓ ORIGINALMENTE.

EL DERRAME AFECTÓ UNAS 115 MILLAS (185 KM) DE LA COSTA, MATANDO A CIENTOS DE AVES Y OTROS ANIMALES.

LOS ESFUERZOS DE LOS OFICIALES Y LOS VOLUNTARIOS LOGRARON PREVENIR QUE EL DERRAME FUESE AÚN MÁS GRAVE.

FIN.

DATOS SOBRE LOS DERRAMES DE PETRÓLEO

1. En los Estados Unidos se usan 700 millones de galones (3 mil millones de litros) de petróleo diarios.

2. El mayor derrame de petróleo en la historia de los EUA fue el Exxon Valdez en 1989, que derramó casi 11 millones de galones (42 millones de l) de petróleo crudo.

3. El derrame del Exxon Valdez es el trigésimo cuarto derrame más grande del mundo.

4. Los científicos creen que sólo el 5 por ciento del petróleo que se derrama en el océano proviene de grandes derrames.

5. Cerca del 33 por ciento proviene de pequeñas cantidades debidas a diversas actividades humanas.

6. Más del 60 por ciento proviene de derrames de petróleo en el fondo del océano.

7. Un cuarto (1 l) de petróleo puede causar una marea negra de 2 acres (1 ha) de tamaño.

8. Las perforaciones cercanas a las costas pueden causar explosiones en las que el gas o el petróleo se derrame constantemente en el agua.

9. Con frecuencia, el petróleo escapa de las tuberías por mucho tiempo antes de que la gente se de cuenta del problema.

10. Un derrame no necesita ser muy grande para acabar con la vida silvestre. En 1976, un derrame pequeño en Europa mató a más de 60,000 patos.

GLOSARIO

AMBIENTE *(el)* Todos los seres vivos y las condiciones de un lugar.

DAÑO *(el)* Mal o desgracia.

DETERGENTES *(los)* Químicos que se usan para limpiar.

DISPERSAR Expandir.

ESPECIES *(las)* Un solo tipo de organismo vivo.

IMPACTO *(el)* El efecto sobre algo o alguien.

TÓXICO Venenoso, o dañino para las plantas y animales.

VOLUNTARIOS(AS) *(los/las)* Gente que trabaja sin recibir dinero.

ÍNDICE

PÁGINAS EN INTERNET

Debido a los cambios en los enlaces de Internet, PowerKids Press mantiene una lista de sitios en la red relacionados con el tema de este libro. Esta lista se actualiza regularmente y puede ser consultada en el siguiente enlace:

www.powerkidslinks.com/ged/sludge/